번역 김영옥
독어독문학과를 졸업했다. 문학을 통해 사람을, 삶을, 이상을 들여다 보며 이해하고, 위로받고, 깨닫는 과정이 좋았다. 문화와 언어의 차이를 넘어 원작의 감동을 고스란히 독자의 가슴에 전하고자 번역에 매진하고 있다.
글밥아카데미 출판번역과정을 수료하고 바른번역 소속 번역가로 활동 중이다.
옮긴 책으로『징검다리 미로찾기 시간여행』,『고양이가 되다』,『나는 아주 작은 것부터 시작했다』,『어떤 개를 찾으세요』,『이기는 식단』,『새로운 정치 실험 아이슬란드를 구하라』,『순수의 시대(공역)』,『예술가가 된 꼬마 아이들』등이 있다.

2019년 8월 10일 1판 1쇄 인쇄
2019년 8월 15일 1판 1쇄 발행

글 제인 켄트 | 그림 이사벨 무노스 | 번역 김영옥
발행처 ㈜삼호에듀 | 발행인 최은희
편집장 김은영 | 디자인책임 이수진 | 디자인 김지선
마케팅책임 김정호 | 제작 전성민 김우식
주소 경기도 파주시 문발로 175
대표전화 1577-3588 | 팩스 (031)955-3599
신고번호 제406-2016-000016호(2016.01.21)

WS White Star Kids® is a registered trademark property of
White Star s.r.l.
© 2019 White Star s.r.l.
Piazzale Luigi Cadorna, 6
20123 Milan, Italy

Stephen Hawking by Jane Kent.
Copyright © 2019 White Star s.r.l.
All rights reserved.
Korean translation copyright © 2019 SamhoEDU
Korean translation rights are arranged wite White Star s.r.l. through AMO Agency.

이 책의 한국어판 저작권은 AMO에이전시를 통해 저작권자와 독점 계약한 ㈜삼호에듀에 있습니다.
신저작권 법에 의해 한국 내에서 보호를 받는 저작물이므로 무단전재와 무단복제를 금합니다.

파본은 구입 후 15일 이내, 구입처에서 교환해 드립니다. 사용 중 발생한 파손은 교환 대상에 해당되지 않습니다.

스티븐 호킹의 삶

내 이름은 스티븐 호킹이에요.
나는 세계적으로 유명한 과학자이며 저자입니다.
나는 '블랙홀과 상대성'에 관한 연구뿐 아니라
운동신경 세포증을 앓고도 역경을 극복하고,
의사들의 예상보다 훨씬 더 오래 산 것으로 유명하지요.

내 인생 이야기를 들려 줄게요.
그리고 어떻게 장애를 딛고, 꿈을 향해 달려갈 수 있었는지 보여 줄게요.

나는 1942년 1월 8일, 영국 옥스퍼드에서 태어났어요. 나는 이탈리아의 천문학자이자 수학자였던 갈릴레오 갈릴레이의 사후 300번째 기념일이기도 한, 내 생년월일이 정말 마음에 들었어요. 아버지와 어머니, 프랭크와 이소벨 호킹은 나와 두 여동생 메리와 필리파를 낳은 뒤, 내가 열네 살 때 에드워드를 입양했답니다.

　사람들은 우리 가족을 '괴짜'에 '철학자'라 불렀어요. 우리는 침묵 속에 책을 읽으며 식사할 때가 많았고, 지하실에서 꿀벌을 키웠고, 런던 택시를 개조한 차를 타고 다녔지요.

아버지는 열대의학을 연구하는 연구원이었어요. 아버지는 내가 그 길을 따르거나 의사가 되기를 바랐지요. 하지만 나는 수학이 더 좋았어요. 열한 살에 세인트 올번스 스쿨에 입학한 나는 똑똑한 학생이었지만 수업보다 교실 밖에서 하는 활동에 더 관심이 많았어요.

나에게는 친한 친구들이 몇 명 있었어요. 우리는 함께 보드게임을 즐겨 했고 직접 게임도 만들었어요. 한 번은 재활용 부품으로 컴퓨터까지 만들어 수학 문제를 푸는 데 사용하기도 했지요. 하지만 내가 제일 좋아했던 취미활동은 어머니, 동생들과 함께 우리 집 정원의 잔디밭에 누워 밤하늘의 별들을 바라보는 것이었어요.

나는 1959년, 열일곱 살에 옥스퍼드 대학에 입학했어요. 아버지가 다녔던 학교였지요. 당시 옥스퍼드 대학에는 수학과가 없어서 특별히 우주론에 초점을 맞춘 물리학을 공부했어요.

학교 다닐 때와 마찬가지로 대학 공부에도 크게 노력을 기울이지 않았어요. 하지만 고맙게도 나는 상당히 총명했기 때문에 별 노력 없이도 3년 후 자연과학대학에서 일등급 학위를 받았어요.

1962년에는 케임브리지 대학의 트리니티 홀에서 우주론 박사학위 과정을 시작했어요. 케임브리지에서 첫해를 보내고 있던 1963년, 스물한 번째 생일이 막 지났을 무렵 나는 운동 신경 세포증 중 하나인 루게릭병(ALS)을 진단받았어요. 그러니까 내 근육을 조정하는 신경이 파괴되고 있다는 말이었지요.

처음 건강에 문제가 생기기 시작한 때는 옥스퍼드 대학에 다니던 시절이었어요. 이따금 털썩털썩 넘어지고 말이 어눌해지곤 했지요. 나는 증상을 감추려 했지만 모든 걸 알아차린 아버지에게 이끌려 병원에 갔어요. 검사 결과 루게릭병 초기 단계였고 의사들은 내게 남은 기한이 고작 2년 6개월 정도라고 했어요. 하지만 나는 병과 싸우기로 마음먹었지요!

나는 병을 진단받기 바로 직전 신년파티에서 제인 와일드라는 아가씨를 만났어요. 제인은 런던 대학 웨스트필드 칼리지에서 언어학을 공부하고 있었어요. 우리는 이내 사랑에 빠졌지요. 제인은 내가 루게릭병에 걸렸다는 사실을 듣고도 내 곁을 떠나지 않았어요. 결국 우리는 1964년에 약혼했고, 1년 후 결혼했답니다.

우리는 세 자녀를 두었어요. 1967년, 로버트를 낳고 1970년에 루시 그리고 마지막으로 1979년, 티모시를 낳았지요.

나는 병에 걸리기 전까지 학업에 그다지 노력을 기울이지 않았어요. 하지만 살 날이 얼마 남지 않았다는 사실을 알고 나자, 일에 집중해서 박사학위를 마무리 지어야겠다는 생각이 들었어요. 그리고 마침내 1966년, '팽창하는 우주의 성질'이라는 박사학위 논문을 발표했지요. 1968년에는 케임브리지의 천문학 연구소 연구원이 되었어요.

 이듬해가 되자 루게릭병 증상이 더 심해져 휠체어를 탈 수밖에 없었어요. 몇 년 지나지 않아 도움 없이 일하기가 힘들어졌고 발음은 더욱 불분명해져 의사소통이 힘들어졌지요.

나는 '별들의 운명과 블랙홀의 생성'이라는 획기적인 발견을 한 우주론자 로저 펜로즈의 연구에 푹 빠졌어요. 1974년에는 기존 이론과 달리 별이 붕괴될 때 생겨난 블랙홀이 빛을 포함한 모든 물체를 삼켜 버리기만 하는 것이 아니라, 복사에너지를 방출한다는 놀라운 결과를 증명해 냈어요.

나는 이 이론 덕분에 과학계에서 유명인사가 되었고 바로 그해, 서른두 살 나이에 왕실학술원의 회원이 되었어요. 펜로즈와 나는 우리의 아이디어를 발전시키고 우주의 생성에 관해 더 많이 알아내기 위해 함께 연구했어요.

1985년에는 폐렴에 걸려 기관절제술을 받아야 했어요. 목소리를 영원히 잃게 되었지요. 나는 더 이상 일을 할 수 없을까봐 걱정했지만 캘리포니아에서 온 컴퓨터 프로그래머 월터 월토스가 돕고 나섰어요. 월터는 내가 리모컨으로 컴퓨터 스크린에서 단어를 선택하면 음성출력장치로 보낼 수 있는 말하기 프로그램 이퀄라이저를 개발해 주었어요.

결국에는 양손마저 쓸 수 없게 되었지만 다행히 머리나 눈의 움직임으로도 프로그램을 작동할 수 있었지요. 그래서 나는 센서를 부착한 볼 근육을 통해 할 말을 전달하는 방식으로 바꿔 사용했어요.

프로그램 덕분에 계속해서 글을 쓸 수 있었어요. 나는 수많은 과학논문을 썼고, 내 아이디어가 더 많은 독자들에게 전달되기를 바라며 책도 몇 권 출간했지요. 1988년에는 시공간에 관한 개요를 제공하고 뉴턴과 아인슈타인 같은 위대한 학자들의 이론을 복습하는 '시간의 역사'를 출간했어요.

'시간의 역사'는 전 세계에 40개가 넘는 언어로 번역되고 수백만 부가 팔려나갔으며, 런던 선데이 타임즈 베스트셀러 목록에서 4년이 넘도록 정상을 지켰어요.

1991년, 오스카상을 수상한 영화제작자 에롤 모리스가 내 인생을 담은 다큐멘터리를 만들었어요. 제목은 내 책 제목과 같은 '시간의 역사'였어요. 나는 '빅뱅 이론'과 '심슨 가족'을 비롯한 다수의 텔레비전 인기 프로그램에 출연했어요. 그래서 보다 많은 독자들과 더 어린 연령층에게 다가갈 수 있었고, 내 짓궂은 유머감각도 뽐낼 수 있었지요! 나는 록스타 과학자로 유명해졌답니다.

2007년에는 플로리다에 있는 케네디 우주센터에 갔다가 무중력상태를 체험했어요. 나는 개량한 보잉 727을 타고 두 시간 동안 대서양 위를 날았어요. 휠체어에서 풀려난 순간 내 몸은 완전히 무중력상태가 되었지요. 공중에 둥둥 떠다니는 내 사진이 전 세계 신문에 실렸답니다.

2015년, 나는 블랙홀을 둘러싼 새 이론을 토론하기 위해 스웨덴에서 열린 회의에 참석했어요. 나는 '정보역설'이라고 알려진 문제, 즉 물체가 블랙홀로 빨려 들어가면 어떻게 되는지에 관해 이야기하고 새로운 아이디어를 제시했어요.

블랙홀의 바깥 경계선, 즉 '사건의 지평선'으로 들어가 영원히 사라진다고 알려진 물체의 정보에 관한 견해였어요. 나는 물체에 관한 정보가 영원히 사라지는 대신 블랙홀을 둘러싼 '광륜' 안에 저장된다고 주장했어요. 그리고 블랙홀이 영원한 감옥이 아니며 저장된 정보는 언젠가 방출될 수 있다고 말했지요.

2017년 말, 케임브리지 대학은 내 박사학위 논문을 웹사이트에 올렸어요. 논문은 폭발적인 인기를 얻었어요. 논문을 찾는 사람들이 어마어마하게 몰리는 바람에 케임브리지 대학 서버가 마비될 정도였지요. 하루 만에 무려 6만 회가 넘는 조회 수를 기록했답니다.

논문에서 나는 우주가 한 점에서 시작되었다는 빅뱅이론이 가능하다는 것을 밝히는 데 주력했어요. 지금은 빅뱅이론이 과학적 사실로 받아들여지지만, 내가 논문을 썼던 1966년에는 여전히 과학자들 사이에 논쟁거리였지요.

나는 2018년 3월 14일, 일흔여섯 살에 케임브리지에 있는 내 집에서 숨을 거두었어요. 결국 루게릭병에 무릎 꿇었지만, 병을 앓고도 예상보다 무려 15년을 더 살았지요.

같은 달, 내 유해가 런던의 웨스트민스터 사원에 안치된다는 발표가 있었어요.
나는 아이작 뉴턴과 찰스 다윈 같은 위대한 과학자들 곁에 잠들게 되었지요.

나는 과학계에서 가장 빛나는 스타로 기억되고 내가 남긴 유산은 영원히 살아 있을 거예요. 내 정신, 투지 그리고 역경 속에서 거둔 무수한 성공이 시련에 부딪친 다른 이들에게 영감이 되었으면 좋겠어요. 삶은 소중한 선물이에요. 그러니 주어진 시간을 최대한 활용하세요. 그리고 그 어느 것도 여러분이 지닌 빛을 바라게 내버려 두지 마세요. 어떤 어려움을 겪더라도 꿈을 이룰 수 있는 길은 반드시 존재한답니다. 그냥 어려움을 박차고 나와 길을 찾으세요.

스티븐 호킹은 1월 8일에
옥스퍼드에서 태어났어요.

스물한 번째 생일이 막 지났을 때
운동신경 세포증의 한 형태인
루게릭병을 진단받았어요.

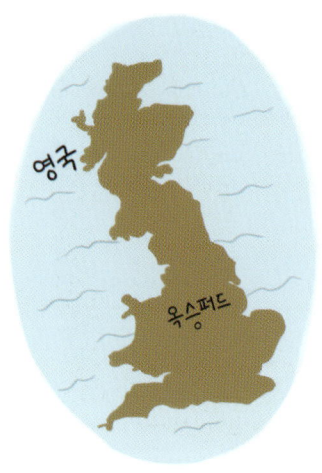

열일곱 살에 옥스퍼드 대학에서
공부를 시작했어요.

1942   **1959**   **1963**

1953   **1962**

열한 살에 세인트 올번스 스쿨에
입학했어요.

자연과학대학에서
학위를 받았어요.
케임브리지 대학의
트리니티 홀에서
우주론 박사학위 과정을
시작했어요.
신년 파티에서
제인 와일드를 만났어요.

제인과 결혼했어요.

1965

아들 로버트가 태어났어요.

1967

1964

1966

1968

제인과 약혼했어요.

박사학위 논문을 제출했어요.

케임브리지의 천문학 연구소 회원이 되었어요.

병이 심해져 휠체어를
탈 수밖에 없었어요.

블랙홀 복사 이론을 발표하고
우주론자인 로저 펜로즈와
일하기 시작했어요.

폐렴에 걸려 기관 절제술을
받아야 했어요.
목소리를 잃은 뒤
월터 월토스가 만든
컴퓨터 프로그램을 이용해
소통하기 시작했어요.

1969 — **1974** — **1985**

1970 — **1979**

딸 루시가
태어났어요.

아들 티모시가
태어났어요.

에롤 모리스의 다큐멘터리
'시간의 역사'가 개봉되었어요.
텔레비전 프로그램에
출연하기 시작했어요.

스웨덴에서 열린 회의에서
블랙홀 '정보 역설'에 관해
이야기했어요.

1991　　　　　　　　　　　2015

1988　　　　　　　2007　　　　　　　　2018

플로리다에 있는 케네디 우주센터를
방문했을 때 무중력 체험을 했어요.

3월 14일 일흔여섯에
생을 마감했어요.

저서 '시간의 역사'를
출간했어요.

- 질문 -

Q1. 스티븐 호킹이 태어난 날은 누구의 사후 300번째 기념일이었나요?

Q2. 스티븐 가족은 지하실에서 무엇을 키웠나요?

Q3. 스티븐이 우주론으로 박사학위 과정을
시작한 학교는 어디인가요?

Q4. 스티븐은 신년파티에서 누구를 만났나요?

Q5. 스티븐은 어떤 병을 앓았나요?

Q6. 스티븐의 박사학위논문 제목은 무엇이었나요?

Q7. 스티븐이 우주의 생성에 관해 더 많이 알기 위해 함께 연구했던 우주론 자는 누구인가요?

Q8. 스티븐은 컴퓨터를 통해 어떤 식으로 말을 했나요?

Q9. 스티븐의 저서 '시간의 역사'는 몇 년 도에 출간되었나요?

Q10. 스티븐이 방문했다가 무중력 체험을 한 장소는 어디인가요?

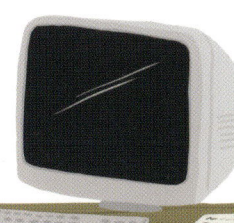

해답

A1. 갈릴레오 갈릴레이

A2. 꿀벌

A3. 케임브리지대학 트리니티 홀

A4. 제인 와일드

A5. 운동 신경 세포증 중 하나인 루게릭병(ALS)

A6. 팽창하는 우주의 성질

A7. 로저 펜로즈

A8. 처음에는 손으로 클릭할 수 있는 장치로 할 말을 전달하다가 나중에는 뺨 근육에 부착한 센서를 통해 말을 함.

A9. 1988년

A10. 케네디 우주센터

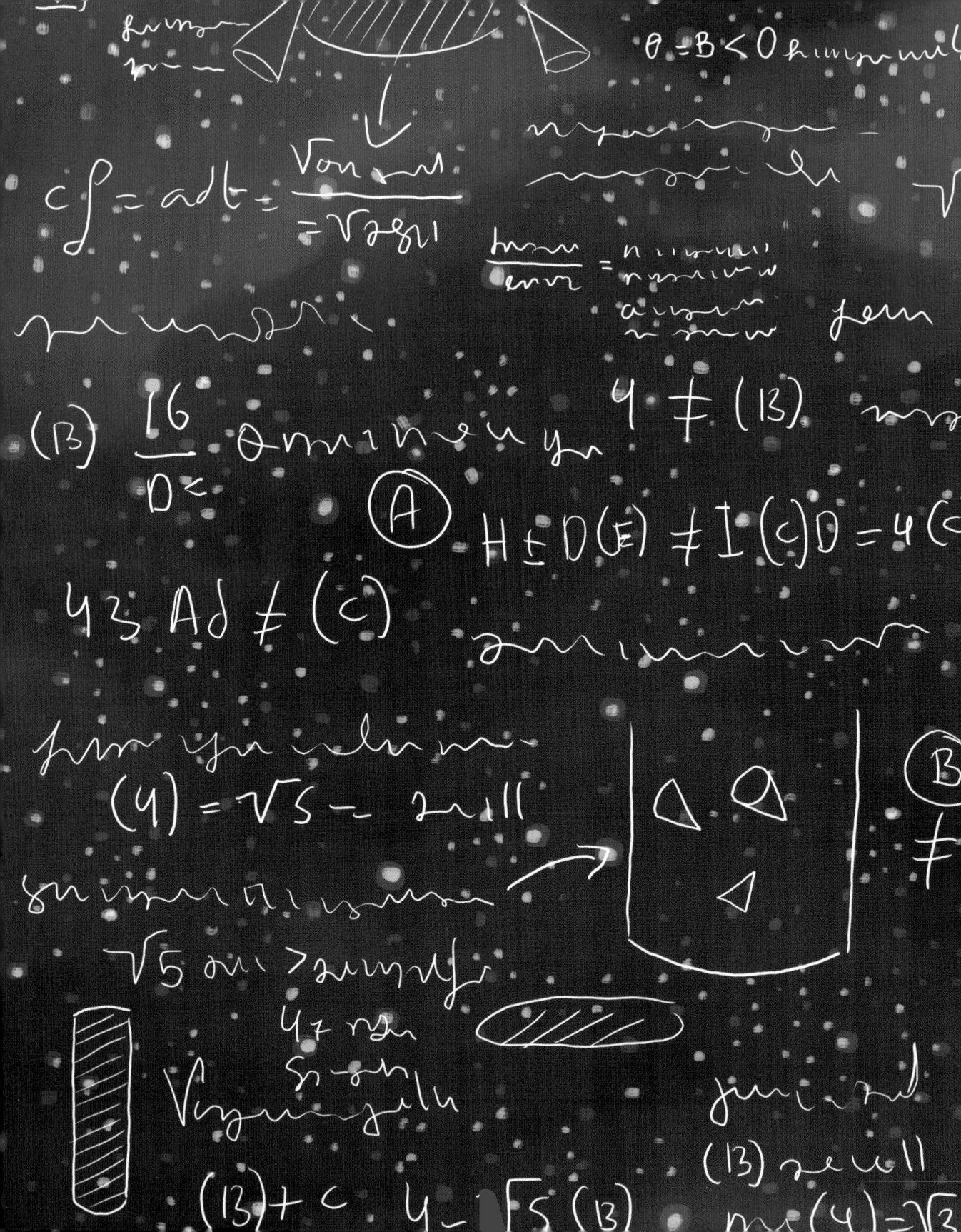